AF380514

ऐतबार

डॉ. अंजुम बाराबंकवी

संकलन एवं संपादन : सचिन चौधरी

मंजुल पब्लिशिंग हाउस

MANJUL

मंजुल पब्लिशिंग हाउस

कॉर्पोरेट एवं संपादकीय कार्यालय

● द्वितीय तल, उषा प्रीत कॉम्प्लेक्स, 42 मालवीय नगर, भोपाल-462 003

विक्रय एवं विपणन कार्यालय

● सी-16, सेक्टर 3, नोएडा, उत्तर प्रदेश, 201301

वेबसाइट : www.manjulindia.com

वितरण केन्द्र

अहमदाबाद, बेंगलुरू, भोपाल, कोलकाता, चेन्नई,
हैदराबाद, मुम्बई, नई दिल्ली, पुणे

ऐतबार

कॉपीराइट © 2018 डॉ. अंजुम बाराबंकवी
सर्वाधिकार सुरक्षित

संकलन एवं संपादन : सचिन चौधरी

यह संस्करण 2018 में पहली बार प्रकाशित

ISBN 978-93-88241-02-1

डॉ. अन्जुम बाराबंकवी
एक नज़र में

नाम : सैयद कलीम क़रार, तखल्लुस डॉ. अन्जुम बाराबंकवी

वालिद : सैयद क़रार अली, **वालिदा** : सैयदा नसीम आईशा

मुक़ामे पैदाईश : ग्राम - मेलारायगंज, बाराबंकी, उ.प्र., तारीख़ पैदाईश 1 जुलाई 1964 ई.

शिक्षा : बी.ए., एम.ए. लखनऊ यूनिवर्सिटी, लखनऊ, पीएच.डी. बरकतउल्ला यूनिवर्सिटी, भोपाल

शोध कार्य : खुमार बाराबंकवी : फ़न और शख़्सियत (डिर्ज़टेशन) बराए एम.ए. डॉ. बशीर बद्र : शख़्सियत और फ़न (मक़ाला बराए पीएच.डी.)

प्रकाशित पुस्तकें : *ज़माना कुछ और है* ग़ज़ल संग्रह (उर्दू), *दिल का गुलाब* ग़ज़ल संग्रह (देवनागरी), *खामोशियों का नग़मा* ग़ज़ल संग्रह (उर्दू)

संपादित पुस्तकें : • ग़ज़ल 2000 (प्रसिद्ध शायरों के शेरों का संकलन) • ग़ज़ल यूनीवर्स (डॉ. बशीर बद्र के शेरों का संकलन) • नक़्शे सवेदा (जोया क़ुरैशी की शायरी का संकलन) • डॉ. बशीर बद्र की शायरी • डॉ. सागर आज़मी (अल्फ़ाज़ से आवाज़ तक)

साहित्यिक कार्यक्रम : "इरशाद" ई.टी.वी. उर्दू से लगभग 6 वर्षों तक संबद्ध रहे। डी.डी. उर्दू, दिल्ली के लिए "महफ़िले-निशात" की स्क्रिप्ट लेखन एवं गीत (13 एपीसोड)

सम्मान : "सेवा सिंधु सम्मान" मध्यप्रदेश स्वतंत्रता उत्तराधिकारी संगठन, भोपाल (म.प्र), "उस्ताद नज़्र निज़ामी अवॉर्ड" गुलशने अदब जबलपुर (म.प्र.), "मिलेनियम अवॉर्ड" आल इंडिया उर्दू राब्ता कमेटी भोपाल (म.प्र.), "अभिनव शब्द शिल्पी सम्मान"

अभिनव कला परिषद, भोपाल (म.प्र.), "बरुकट सेवा सम्मान" जवाहरलाल यूथ सेंटर, भोपाल (म.प्र.), "असिफ़शाहमीरी राष्ट्रीय सम्मान" शहीद आसिफ़ शाहमीरी मेमोरियल कमेटी, भोपाल (म.प्र.), "अली अवार्ड" अन्जुमन अब्बासिया, भोपाल (म.प्र.), "रत्न श्री 2009 सम्मान" रत्न हाउस, भोपाल (म.प्र.), "वाहिद प्रेमी अवार्ड" ख़ुश्बू एजुकेशनल एण्ड कल्चरल सोसायटी, भोपाल (म.प्र.), "कलमकार सम्मान'' राष्ट्रीय क़लमकार परिषद, भोपाल (म.प्र.), "कहकशाने अदब सम्मान" कहकशाने अदब, भोपाल (म.प्र.), "तुलसी सम्मान 2011" म.प्र. तुलसी साहित्य अकादमी, भोपाल। उ.प्र. उर्दू अकादमी द्वारा वर्ष 2010 में ग़जल संग्रह "जमाना कुछ और है" पर पुरस्कृत किया गया एंव उ.प्र. उर्दू अकादमी द्वारा वर्ष 2016 में ग़जल संग्रह "खामोशियों का नग़मा" को पुरस्कृत किया गया। "सिराज मीर खाँ सहर अवॉर्ड" म.प्र. उर्दू अकादमी द्वारा 2013 में दिया गया।

वेबसाईट	:	www.dranjumbarabankvi.com
ईमेल	:	barabankvi_anjum@rediffmail.com
दूरभाष	:	0755-2731569
मोबाईल	:	09424485942 / 9174610431
पता	:	कर्रार हाउस, वी.आई.पी. रोड, खानू गांव (कोहेफ़िज़ा), भोपाल।

नया सच्चा रूह और ज़हन को छूने वाला शेरी तजुर्बा ग़ज़ल के आदाब और ग़ज़ल की ज़बान में इकाई बनता है तो शेर शाइर का कम और एक लाख सुनने और पढ़ने वालो का ज़्यादा है। मुझे किसी किताब में देखने की ज़रुरत नहीं कि मैं अन्जुम बाराबंकवी के इस मयार के शेरों को नकल करूँ, सारी दुनिया में जहाँ जहाँ ग़ज़ल के मिज़ाजदां हैं, वो चाहे हिंदी वाले हो या उर्दू वाले, अन्जुम बराबंकवी को आज की गज़ल का ख़ूबसूरत शाइर मानते हैं और उनके शऊर और लाशऊर में इनके कई अशआर महफ़ूज़ रहते हैं।

—पद्मश्री डॉ. बशीर बद्र

डॉ. अन्जुम बाराबंकवी भी शायरी में अपनी अदाओं के साथ हमारे सामने हैं। वे एक ख़ास प्रकार की शख़्सियत इस रूप में भी रखते हैं की उन्होंने खुमार बाराबंकवी और डॉ. बशीर बद्र जैसे जाने-पहचाने समकालीन शायरों पर काम किया है! इसलिए शायरी क्या होती है, इसके गुण तो वे जान ही चुके हैं। मुशायरे की शायरी क्या होती है, इसे भी मुशायरों में आते-जाते उन्होंने जान लिया है।

—डॉ. विजय बहादुर सिंह

मुझे इस बात की बेहद खुशी है के आपकी ग़ज़लों में सरज़मीने अवध की तहज़ीबी विर्से की झलक नुमाया तौर से नज़र आती है और आपने अपनी क्लासिकी रिवायत की न सिर्फ़ पासबानी की है, बल्कि ख़ूबसूरत तराकीब और इस्तिआरों के इस्तेमाल से उसे किसी कद्र आगे भी बढ़ाया है। ज़बान सादा और लहज़ा आसानी से दिलों में घर कर लेने वाला है। किताब का सरेवरक भी दीदा जैब है और उस पर मौजूद मुनतखिब अशआर से अंदर के गौहर पारों का पता चलता है।

—जस्टिस एम.एस.ए. सिद्दीकी

मौजू कोई भी हो अन्जुम बाराबंकवी सिर्फ़ और सिर्फ़ ग़ज़ल की ज़बान में बात करते हैं। उनकी ग़ज़ल को ज़िन्दगी से भी सरोकार है और मुशाहिदा ऐ हक़ की गुफ़्तगू से भी गुरेज़ नहीं, लेकिन मजमुई तौर पे वो हुस्नो रंग के शाइर हैं। उनके अशआर खुश्बुओं और फूलों से मुज़ययन है, उनका कर्ब भी मख़मल में लिपटा हुआ कोई हसीन पैकर महसूस होता है। लहज़े में बांकपन के बजाय पैग़म्बराना नर्मी है जो उन्हें अपने हम अस्र ग़ज़ल कहने वालों से मुनफ़रिंद करती है।

—ज़फ़र सहबाई

डॉ. अन्जुम बाराबंकवी का कलाम पढ़ने के बाद अन्दाज़ा हुआ के हसन मियां जितने अच्छे आदमी हैं उतने ही अच्छे शाइर हैं और उतने ही अच्छे नक़्क़ाद भी हैं। उन्होंने ही कहा था भाई साहब डॉ. अन्जुम बाराबंकवी शाइरी का वो अख़्तरे-ताबिन्दा है जो आफ़ताब ढ़ालता भी है और आफताब की तरह रौशन भी है।

—प्रो. सैयद मुजाविर हुसैन (इब्ने सईद)

डॉ. अन्जुम बाराबंकवी बुनियादी तौर पर ग़ज़ल के शाइर हैं। उन्होंने फ़िक्रो ख़्याल के सहराये बे आबो गयाह में सुखन के सरचश्मे तलाश करने की जुस्तुजू की है जिसने उनकी शाइरी में रंगो रस पैदा कर दिया है। चुनांचे उनकी शाइरी जमालियात और समाजी मसरफ़ में किसी किस्म का बुअद और तज़ाद नहीं मिलता और ये कोई मामूली कामयाबी नहीं है।

—इकबाल मसूद

डॉ. अन्जुम बाराबंकवी की शाइरी में मैंने महसूस किया है के उनका कलाम दोनों सफ़ों की क़ाबलियत रखता है। वो मुशायरों में सुने जाने के भी लाईक हैं और हाथ में लेकर नज़रोदिल से पढ़े जाने के भी लाईको मुस्तहिक हैं।

—मौलाना सैयद शराफ़त अली नदवी

डॉ. अन्जुम बाराबंकवी की शायरी का बेशतर हिस्सा अखलाकी कद्रों से मुनव्वर है। ग़ज़ल में ये अंदाज़ उन्होंने कुछ इस अंदाज़ से पेश किया है कि उनका हुस्न दोबाला हो गया है।

—प्रो. मुख्तार शमीम

डॉ. अन्जुम बाराबंकवी: यथार्थ की भावभूमि और कल्पना का चितेरा

यह बहुत पुरानी बात है। गाँधी पार्क सहारनपुर के विशाल मैदान में ऑल इंडिया मुशायरा हो रहा था। उर्दू के दिग्गज शाइरों का जमावड़ा था। रुचि संपन्न श्रोताओं का समुंदर ठाठे मार रहा था। मुशायरा संचालक ने 'अंजुम' बाराबंकवी का नाम पुकारा। अंजुम बाराबंकवी ने आत्म विश्वास के साथ ग़ज़ल का मत्ला पढ़ा –

ज़ंजीर तो पैरों से थकन बाँधे हुए है
दीवाना मगर सर से कफ़न बाँधे हुए है

वाह वाह... वाह वाह के शोर से समुंदर में लहरें उठ गईं। नौज़वान शाइर की इस बलाग़त और हौसले से मजमा स्तब्ध था। अंजुम बाराबंकवी शेर पढ़ते गए और मजमे पर जादू तारी होता गया। एक से एक बेहतरीन शेर उन्होंने पढ़े। इस ग़ज़ल का एक शेर मेरी स्मृति में टंका रह गया। लगभग 24 साल बाद दिल्ली के इंदिरा गाँधी अंतरराष्ट्रीय एयरपोर्ट पर मेरी उनसे मुलाक़ात हुई जब हम एक मुशायरे के सिलसिले में जेद्दाह जा रहे थे। वे मुझे नहीं जानते थे। मैंने उन्हें उनका वही शेर सुनाया जो मेरी स्मृति में सुरक्षित था –

दस्तार में ताऊस के पर बाँधने वाला
गर्दन में मसाइल की रसन बाँधे हुए है

सुनकर उन्होंने स्नेह से मुझे गले लगा लिया। वह दिन था और आज का दिन है, मेरे प्रति उनका स्नेह बढ़ता ही गया है। अंजुम बाराबंकवी का यह शेर इस बात की दलील है कि ग़ज़ल गागर में सागर समोने का फ़न है। इस शेर के दोनों मिसरे हमें इतिहास के दो छोरों के बीच फैले विस्तृत फलक पर ला खड़ा करते हैं। पहला मिसरा महान सम्राट अकबर से जोड़ता है तो दूसरा मिसरा बहादुर शाह ज़फ़र की नियति से। यह शेर भारत के विशाल और समृद्ध इतिहास एवं सांस्कृति विरासत के साथ-साथ भयानक त्रासदी को अपने भीतर समेटे हुए है। अंजुम बाराबंकवी इतिहास

और वर्तमान को तुलनात्मक दृष्टि से देखते हैं। उनकी यह चिंतन दृष्टि शब्दों का आवरण पहनकर उनकी शाइरी में यत्र-तत्र मुखरित होती रहती है –

ब ज़ोमे-जब्रे तसरुफ़ में जिनके दुनिया थी
वो आज रहम की तख़्ती गले में डाले है

वही सफ़र जिसे मैं टोकरों पे रखता था
वही सफ़र मुझे अब पा पियादा करना है

वो बुज़दिलों में खड़ा है अपाहिजों की तरह
जो एक लम्हे में मैदान साफ़ करता था

अज्दाद की सच्ची अज़्मत के क़िस्से तो सुनाओ दुनिया को
कुछ लोग किताबें ढूँढ़ेंगे, कुछ लोग हवाले देखेंगे

उनकी शाइरी में अतीत की गौरवमयी और कुछ-कुछ अहंकारपूर्ण गर्वोक्तियाँ मिलती हैं लेकिन दूसरे ही क्षण वर्तमान की दुर्दशा का मातम भी दिखाई देता है। बात केवल इतनी भर नहीं है। शाइर केवल क़ौम और देश के स्वर्णिम कल को ही हसरत के साथ याद नहीं कर रहा है बल्कि वह सोए हुओं को जगाना चाहता है कि हम क्या थे और क्या हो गए हैं! उस सुनहरे अतीत से वर्तमान तक की यात्रा में हमने क्या क्या खो दिया है! मसाइल की रसन, पा पियादा चलना, अज्दाद के क़िस्से, बुज़दिलों में खड़े होना; जैसे बिंब ग़ाफ़िल क़ौम को झकझोर कर खड़ा करने के प्रयास हैं। ये केवल नॉस्टेल्जिया की रोमांटिक अभिव्यक्ति नहीं हैं।

ग़ज़ल संकेतों में बात करती है। दो मिसरों के बीच की ख़ाली जगह में उसका अर्थ विस्तार लेता है। कोई छोटा सा कोना, महीन सा छिद्र या झरोखा किसी बड़े संसार का प्रवेश द्वार हो सकता है। किसी भी रचनाकार के भीतरी संसार को देखने और जानने के किए अनकहे के बीच से गुज़रना पड़ता है। उसकी रचनाओं में 'अनकहा' ही उसका प्रवेश द्वार है। श्रोता या पाठक यदि उस मार्ग को ढूँढ़ लेता है तो वह शाइर के भीतरी जगत से साक्षात्कार कर पाता है। इसका तात्पर्य यह भी है कि ग़ज़ल को समझने और संभालने का दायित्व उसके श्रोता या पाठक पर भी है। अंजुम बाराबंकवी इस रहस्य को भली प्रकार जानते हैं। उन्होंने ग़ज़ल के परंपरागत सौंदर्य को भी सहेजकर रखा है और वर्तमान संदर्भों के साथ पाठक और श्रोता से

भी सार्थक संवाद स्थापित किया है। उनकी शाइरी में इबहाम और सांकेतिकता तो संपूर्ण प्रौढ़ता के साथ है ही, सहजता उनका विशेष गुण हैं। वे न तो भाव के स्तर पर आतंकित करते हैं और न ही भाषा और शिल्प के स्तर पर –

चिलमन के आसपास तमाशा कुछ और है
लेकिन मेरी निगाह ने देखा कुछ और है

पड़ी रही है सख़्त चट्टानों में लहरों से दरार
अब फिरेंगे ग़ालिबन ठहरे हुए पानी के दिन

नहरो-दरिया भी बिफरने की अदा भूल गए
जब समंदर ने कभी बस्ता-ए-साहिल बाँधा

उपरोक्त अश्आर ग़ज़ल के सौंदर्य शास्त्र की दृष्टि से अनुपम हैं, वहीं भाव के स्तर पर भी बड़ी सूक्ष्मता से हृदय में उतरते हैं। शाइर के भीतर प्रतिरोध का स्वर है जिसकी प्रतिध्वनि उसकी शाइरी में स्पष्ट सुनाई पड़ती है। वह परिवर्तन के पक्षधर हैं। यथास्थिति के विरुद्ध उसके आक्रोश को इन अशआर में स्पष्ट महसूस किया जा सकता है।

विस्थापन मानव इतिहास की सर्वाधिक पुरानी और बार-बार घटित होने वाली घटना है। विस्थापन सामूहिक भी होता है और व्यक्तिगत भी। यह एक देश से दूसरे देश में हो सकता है और अपने ही देश में भी; एक स्थान से दूसरे स्थान पर। प्रायः इस विस्थापन, पलायन या हिजरत के संत्रास को ही साहित्यिक अभिव्यक्ति के केंद्र में स्थान मिलता रहा है। इसी से जुड़ा नॉस्टेल्जिया भी साहित्य की एक प्रमुख प्रवृत्ति रही है लेकिन यह आवश्यक नहीं है कि विस्थापन सदैव कष्टदायक और त्रासद ही रहा हो। यह विस्थापन के कारणों पर निर्भर करता है। यह जबरन या मजबूरीवश भी हो सकता है और अपनी मर्ज़ी से भी। अच्छी नौकरी, अच्छा व्यापार और अच्छे जीवन यापन के लिए लोग अपना गाँव, शहर या देश छोड़कर दूसरे शहर या देश में बस जाते हैं। विड़ंबना यह है कि ये प्रयासी वर्तमान शहर या देश के प्रति कृतज्ञ होने के बजाए अपने पुराने स्थान की स्मृतियों में खोए रहते हैं और उसका दुखड़ा रोते रहते हैं। जबकि सत्य यह है कि आप जो कुछ उस समय होते हैं उसमें उस शहर और देश की बहुत बड़ी भूमिका होती है। अंजुम बाराबंकवी ने इस विषय में पर्याप्त परिपक्वता और ईमानदारी का परिचय दिया है। वे बाराबंकी को छोड़कर भोपाल चले आये थे। बाराबंकी हमेशा उनके साथ रहा। वे बहुत शिद्दत के साथ जुड़े

रहे लेकिन भोपाल के प्रति कभी भी उदासीन नहीं रहे। उन्होंनें भोपाल को रूह की गहराइयों से चाहा है। उनका यह प्रेम और कृतज्ञता जगह-जगह पर उनकी शाइरी में छलकता रहा है -

पनाह मुझको मिली ऐसे शहर में 'अंजुम'
जहाँ पे आज भी तहज़ीब के उजाले हैं

'अंजुम' मैं जी रहा हूँ बड़ी आन बान से
इस बेमिसाल शहर में बेकारियों के बाद

भोपाल तो है मर्कज़े-अख़्लाक़ो-मुहब्बत
यूँ ही नहीं आता कोई बेकार यहाँ तक

शाइरी केवल शब्दों का समुच्चय नहीं है। यह वह कहकशां है जिसके रेशमी तार कल्पनाओं के अदृश्य सितारों की बहुरंगी रश्मियों से लिपटकर एक मख़मली ख़याल बुनते हैं। यह ख़याल जब ग़ज़ल के रूप में साकार होता है तो प्रतीत होता है कि मानो ऋचाएं नृत्य कर रही हैं। भाव कभी-कभी इतने अमूर्त होते है कि शब्द उनकी अभिव्यक्ति में असमर्थ जान पड़ते हैं। तब शाइर अचेतन रूप से शब्दों का जाल बुनता है और भाव को उसमें कैद करने का प्रयास करता है। इस जटिल प्रक्रिया में प्रायः कुछ शब्दों की आवृत्ति होती रहती है। शब्द विशेष के प्रति अनुराग भी इसका कारण हो सकता है। यहाँ यह ध्यान रखना आवश्यक है कि यह अनुराग और अनुरत्ति मात्र शब्द के प्रति नहीं होती बल्कि उस शब्द के बहुरंगी अर्थ चित्रों के कारण होती है। इसी प्रकार का एक शब्द अंजुम बाराबंकवी की शाहरी में भी है। वह शब्द है 'चाँद'। चाँद है, तो सितारों का साथ अवश्यंभावी हो जाता है। हसरत, ख़्वाहिश, तमन्ना, इच्छा, कामना, अकांक्षा, अभिलाषा सब इन चाँद सितारों के माध्यम से प्रकट होती है। यद्यपि चाँद सितारे परंपरागत रूपक है लेकिन अंजुम बाराबंकवी इन्हें नई और समसामयिक अर्थवत्ता प्रदान करते हैं -

तारे तमाम उसके दुपट्टे पे हैं निसार
ये चाँद उसके हाथ की थाली लगा मुझे

तारों की अपने जिस्म पे चादर लपेट के
निकला है आज चाँद भी तैयारियों के बाद

यक़ीनन चाँद घर से चल चुका है
सितारे अपनी आँखें मल रहे है

मुस्कुराता हुआ इक चाँद अभी निकलेगा
आस्मानों के सभी दीप बुझा चाहते हैं

फिर शबे-माह सितारों ने बड़ी हसरत से
चाँद की उम्र दराज़ी की दुआ माँगी है

शाइर की दृष्टि जन सामान्य से अलग और विशिष्ट होती है। वह उन घटनाओं और प्रक्रियाओं को भी देखता और महसूस करता है जिनकी साधारण व्यक्ति उपेक्षा कर देता है। यह वैशिष्ट्च ही शाइर को शाइर बनाता है। अंजुम बाराबंकवी इस कला में भी दक्ष हैं। इनकी अवलोकन और निरीक्षण की क्षमता अद्भुत है। वे अपने आसपास हो रही घटनाओं और परिवर्तनों को बड़ी सूक्ष्मता से देखते है, उसे आत्मसात करते हैं और गहरी संवेदना के साथ शब्द चित्र में ढाल देते हैं। ये शब्द चित्र कभी रूपक के रूप में मुस्कुराते हैं, कभी प्रतीक बनकर खिलखिलाते हैं और कभी मिथकीय संदर्भों के साथ महकते हैं। कुछ उदाहरण दृष्टव्य हैं –

पानी से दुश्मनी है तो कश्ती में क्यूँ रहें
दरिया की तह में हमको उतर जाना चाहिए

अजीब तेशा है मज़दूर का पसीना भी
पहाड़ काट के रस्ता कठिन निकालता है

किसी की याद की सीता है मन के मंदिर में
मगर ख़ुलूस के लछमन लकीर खींचते हैं

दबीज़ पर्दे जो आँखों पे हैं तअस्सुब के
कभी कभार इन्हें बा ज़मीर खींचते हैं

अज्दाद की मीरास बचाने के लिए हम
ले आए हैं टूटी हुई तलवार यहाँ तक

अंजुम बाराबंकवी यथार्थ की भावभूमि पर खड़ा हुआ कल्पनाओं के तार बुनने वाला बाँका शाइर है। इन्होंने मुशायरों के फेक और क्षणिक प्रशंसा के लिए अपनी रचनात्मक ऊर्जा का न तो अपव्यय किया है न उसे सूखने दिया है। नागरी लिपि में इनका यह संकलन इनके पहले संकलनों की भाँति ही सराहा जाएगा, ऐसा विश्वास भी है और शुभकामना भी।

–डॉ. रहमान मुसव्विर
असिस्टेंट प्रोफ़ेसर
हिन्दी विभाग, जामिया मिलिया इस्लामिया, नई दिल्ली

लहजे की उदासी कम होगी बातों में खनक आ जायेगी
दो रोज़ हमारे साथ रहो चेहरे पे चमक आ जायेगी

इन्तेसाब

भोपाल

के

मुहब्बत

करने

वालों

के

नाम

ग़ज़लें

21-109

बिखरे मोती

113-117

ग़ज़लें

हमें आना है हाले दिल सुनाने
तुम्हें किस रोज़ आसानी रहेगी

1

जब बुलन्दी पर दुआओं से मुक़द्दर आएगा

जब बुलन्दी पर दुआओं से मुक़द्दर आएगा
आप दरिया को पुकारेंगे समंदर आएगा

ऐ मेरे सच्चे लहू तेरी गवाही के लिये
आज फिर डूबा हुआ सूरज पलट कर आएगा

बस इसी उम्मीद पर इस दिल की दुनिया लुट गई
मैं समझता था मदद करने को लश्कर आएगा

ये नसीहत के खरे सिक्के उसी को सौंपना
सुबह का भूला हुआ जब शाम को घर आएगा

होश में आ जाईये वरना किसी दिन सर के साथ
ये लिबासे-ख़ुद-फ़रेबी[1] ख़ून में तर आएगा

आप काँटों की हिमायत में रहें हैं उम्र भर
आपके हिस्से में क्यूँ फूलों का बिस्तर आएगा

बेवफ़ाई के लिये बदनाम हूँ मैं शहर में
इक यही इल्ज़ाम ऐसा है जो मुझ पर आएगा

---

1. स्वयं को धोखा देने का परिधान

2

दिलों से ख़ौफ़ के आसेबो जिन निकालता है

दिलों से ख़ौफ़ के आसेबो जिन निकालता है
वही चिराग़ जलाता है दिन निकालता है

अजीब तेशा[1] है मज़दूर का पसीना भी
पहाड़ काट के रस्ता कठिन निकालता है

ये बादशाह नहीं है फक़ीर है सूरज
हमेशा रात की झोली से दिन निकालता है

ज़रा सी देर में कोई गुलाब तोड़ेगा
जो अपने कोट के कॉलर से पिन निकालता है

मिज़ाज बदलेगा कुछ लोग और आयेंगे
हर एक दौर तो अपना सचिन निकालता है

उसी के नाम से मन्सूब है ग़ज़ल अपनी
जो नाम फूल खिलाता है दिन निकालता है

---

1. कुदाल

3

जिसका मौसम से ताल मेल नहीं

जिसका मौसम से ताल मेल नहीं
उसका मशहूर कोई खेल नहीं

इश्क़ में जान देनी पड़ती है
ये इबादत है कोई खेल नहीं

ये सितारों की ज़ौ से उलझेंगे
इन चराग़ों में इतना तेल नहीं

मेहेरबानी ख़ुदा की हैं साहब
इज़्ज़तें आपके तुफ़ैल नहीं

बेतमीज़ी बहुत रुलाएगी
ज़िन्दगी है कोई गुलेल नही

4

जो तेरी शाने-मसीहाई बोल सकती है

जो तेरी शाने-मसीहाई[1] बोल सकती है
तो मेरे ज़ख़्म की गहराई बोल सकती है

मैं परवतों की हर इक बात मानता भी नहीं
मुझे पता है कभी राई बोल सकती है

ये आसमान तो खामोशियों का नग़्मा है
ज़मीं से डरते रहो भाई बोल सकती है

बहुत दिनों में खुला है ये राज़ भी मुझ पर
किसी के हिज्र में तनहाई बोल सकती है

अब और लफ़्ज़े मुहब्बत पे चुप रहोगे अगर
तो सख़्त लहजे में रूस्वाई बोल सकती है

मेरे ख़िलाफ कोई दूसरा नहीं लेकिन
बस एक चश्मे तमाशाई बोल सकती है

---

1. चिकित्सकीय गरिमा

5

होश वालों को आज़माया कर

होश वालों को आज़माया कर
बे पिए भी तो लड़खड़ाया कर

नाम रखेगी सरफिरी दुनिया
बे ज़रूरत न मुस्कुराया कर

सर बुलन्दी की आरज़ू हैं तो फिर
उसकी चौखट पे सर झुकाया कर

तुझको आसानियाँ नवाज़ेंगी
सबकी मुश्किल में काम आया कर

तेरे दुश्मन तो खैर दुश्मन हैं
दोस्तों को भी आज़माया कर

अब पिघलता नहीं कोई पत्थर
दर्द के गीत मत सुनाया कर

जिससे बच्चों का दिल बुरा हो जाए
ऐसी बातें तो मत सिखाया कर

6

अपना किरदार बना लीजिये उर्दू कि तरह

अपना किरदार बना लीजिये उर्दू कर तरह
आपका ज़िक्र किया जाएगा ख़ुशबू की तरह

उसके किस रूप की तारीफ़ करूँ दुनिया से
उसका हर रूप है बंगाल के जादू की तरह

धज्जियां मेरे भरोसे की उड़ाने वाले
प्यार करता हूं तुझे दाहिने बाज़ू की तरह

इक महक याद की बेचैन किये रहती है
भागता फिरता हूं सेहराओं में आहू[1] की तरह

हिज्र की गर्म हवाओं में तरी की खातिर
साथ रखता हूं ग़मे यार को सत्तू की तरह

आज की शाम अँधेरे मुझे पुरसा देंगे
मुफ़लिसी सुब्ह से बजने लगी घुंघरू की तरह

शुक्र का ख़ास सलीक़ा मेरी अम्मी जैसा
सब्र में है मेरा बेटा मेरे अब्बू की तरह

---

1. हिरण

7

वो जिसके नाम में लज़्ज़त बहुत है

वो जिसके नाम में लज़्ज़त बहुत है
उसीके ज़िक्र से बरकत बहुत है

ज़रा मेहफ़ूज़[1] रस्तों से गुज़रना
तुम्हारी शह्र में शोहरत बहुत है

अभी सूरज ने लब खोले नहीं हैं
अभी से धूप में शिद्दत बहुत है

मुझे सोने की क़ीमत मत बताओ
मैं मिट्टी हूँ मेरी अज़्मत बहुत है

किसी की याद में खोये रहेंगे
गुनहगारों को ये जन्नत बहुत है

जिन्हें मसरूफ़[2] रहने का मरज़ था
उन्हें भी आजकल फ़ुरसत बहुत है

जहाँ पर ख़ुशबुऐं थीं ज़िन्दगी की
उसी महफ़िल में अब ग़ीबत बहुत है

---

1. सुरक्षित 2. व्यस्त

कभी तो हुस्न का सदक़ा[1] निकालो
तुम्हारे पास ये दौलत बहुत है

ग़ज़ल ख़ुद कहके पढ़ना चाहते हो
मियाँ इस काम में मेहनत बहुत है

हवा तो थम चुकी लेकिन दियों के
रवैये में अभी दहशत बहुत है

किसी से और क्या मांगू मैं 'अन्जुम'
ख़ुदा की दी हुई इज़्ज़त बहुत है

---

1. दान

8

महक जिस ग़म की लासानी रहेगी

महक जिस ग़म की लासानी[1] रहेगी
उसी की दिल पे सुल्तानी रहेगी

तुझे पाना मेरे बस में नहीं है
मगर कोशिश तो इमकानी रहेगी

गुलों के पैरहन पहनेंगे मौसम
फ़ज़ाए-दिल[2] मगर धानी रहेगी

किसी का दिल दुखाओगे तो घर में
बहुत दिन तक परेशानी रहेगी

हमें आना है हाले-दिल सुनाने
तुम्हें किस रोज़ आसानी रहेगी

नबी का नाम लिक्खो आँसुओं से
उजालों की निगहबानी रहेगी

चिराग़ों ने बड़ी हिम्मत से पूछा
हवा किस वक़्त तूफ़ानी रहेगी

---

1. अद्वितीय 2. हृदय का वातावरण

ख़ुद को देखो तो आईना करके

ख़ुद को देखो तो आईना करके
लोग पूजेंगे रतजगा करके

उनके चेहरे चमकते रहते हैं
भूल जाते हैं जो भला करके

रौशनी का निज़ाम[1] बदलूँगा
कुछ चिराग़ों से मशवरा करके

प्रेम के रोग का इलाज नहीं
क्या करोगे मियाँ दवा करके

ज़हर का ज़ायक़ा[2] बता न सके
मर गये लोग तजरूबा करके

ज़िन्दगी की ग़ज़ल पे आज नहीं
कल लिखूंगा मैं तजज़िया करके

गुम है किसके ख़्याल में 'अन्जुम'
कुछ बताओ ज़रा पता करके

---

1. प्रणाली 2. स्वाद

सब झूठ कहा जाएगा सच्चाई तो अब है

सब झूठ कहा जाएगा सच्चाई तो अब है
वो शख़्स भी दुश्मन था मेरा भाई तो अब है

रस घोल रही है तेरी आवाज़ की खुश्बू
फूलों की जबीनों पे शिकन आई तो अब है

हम दोनों मुहब्बत के हैं मजबूर मुसाफ़िर
ये बात तेरे हिज़ ने समझाई तो अब है

सूखी हुई शाख़ें कभी शादाब न देखें

सूखी हुई शाख़ें कभी शादाब[1] न देखें
आँखों से कहो ऐसा कोई ख़्वाब न देखें

वो जिनके दिमाग़ों में तअस्सुब[2] का धुआँ हो
वो लोग मेरा हलकाऐ-अहबाब[3] न देखें

मुमकिन है मेरे सब्र का पैमाना छलक जाये
इस ग़म की घड़ी में अदब-आदाब[4] न देखें

क्या प्यार की ख़ुश्बू पे कोई फ़र्क़ पड़ेगा
अच्छा है मुनाफ़िक़[5] दिले-बेताब न देखें

सुनते हों तो सुन लें ये बुरा चाहने वाले
कश्ती को अभी से मिरी ग़रक़ाब[6] न देखें

हो जिनके लिये डूब के मरने का इशारा
वो लोग कभी भूल से सैलाब न देखें

---

1. हरी-भरी 2. साम्प्रदायिकता 3. मित्र-मण्डली 4. शिष्टाचार 5. विद्वेष एवं कुण्ठा रखने वाला 6. डूबा हुआ

दिल है किसी शहज़ादा-ऐ बेख़ौफ़[1] की जागीर
इसमें किसी बुज़दिल की तबोताब न देखें

तपते हुए मौसम में मुहब्बत के तलबगार
बाज़ार से गुज़रें भी तो बरफ़ाब[2] न देखें

वैसे तो ज़रूरत न पड़ी है न पड़ेगी
''अन्जुम'' की तरफ़ हज़रते महताब[3] न देखें

---

1. निडर 2. बर्फ का ठंडा पानी 3. चन्द्रमा

12

हर्फ़ जिस नाम के सब नूर में ढाले हुए हैं

हर्फ़ जिस नाम के सब नूर में ढाले हुए हैं
बस उसी नाम से दुनिया में उजाले हुऐ हैं

उनसे कहिये ज़रा मासूम गुनाही से बचें
खोटे सिक्के जो हवाओं में उछाले हुए हैं

बात जब ज़ौक़े-शहादत[1] की चले खुल के कहो
इक घराने के सभी लोग जियाले हुए हैं

ज़हनो-दिल जिसने ख़रीदे थे बहुत लोगो के
उस हवेली में कई साल से जाले हुए हैं

दश्तो-सहरा[2] के अलावा कोई किस्सा छेड़ो
ये इलाक़े मेरी वहशत के खंगाले हुऐ हैं

---

1. उत्सर्ग की अभिलाषा 2. जंगल एवं रेगिस्तान

संतों का रख रखाव फ़क़ीरों की शान है

संतों का रख रखाव फ़क़ीरों की शान है
भारत इसी लिये तो जहाँ में महान है

देखो जहाँ भी फूल की पत्ती से दिल कटे
प्यारे उसी का नाम तो हिन्दोस्तान है

जिसने कि इन्क़िलाब को तौक़ीर बख़्श दी
उर्दू ज़ुबान है मेरी उर्दू ज़ुबान है

आज़ादियों का जश्न मनाओं तो ये कहो
भारत महान है मेरा भारत महान है

जिस रास्ते पे आज वफ़ाओं के रंग हैं
उस रास्ते पे सिर्फ़ हमारा मकान है

"अंजुम" ग़ज़ल का शुक्रे-हज़ारी[1] अदा करो
अब तक तेरे सुखन पे यही मेहरबान है

---

1. हज़ार बार धन्यवाद

14

भोपाल गैस हादसे के नाम

दिल के अश्कों से भर गया भोपाल
कैसे हद से गुज़र गया भोपाल

मौत का ज़हर था हवाओं में
रेज़ा-रेज़ा बिखर गया भोपाल

फूल शाख़ों पे बे खिले सूखे?
ऐसी इक शब में मर गया भोपाल

ख़ुश्बूएं पूछती थीं रो-रो कर
कौन बरबाद कर गया भोपाल

रात और रात भी क़यामत की
दूर तक ग़म से भर गया भोपाल

ज़िक्र उस रात का इलाही ख़ैर
ऐसा लगता था मर गया भोपाल

15

ख़्याल जान से बढ़कर सफ़र में रहता है

ख़्याल जान से बढ़कर सफ़र में रहता है
वो मेरी रूह के अंदर सफ़र में रहता है

जो सारे दिन की थकन ओढ़ कर मैं सोता हूं
तो सारी रात मेरा घर सफ़र में रहता है

जनम जनम से मिरी प्यास सर पटकती है
जनम जनम से समंदर सफ़र में रहता है

मिरा यक़ीन करो उसके पाँव में तिल है
इसी लिये वो बराबर सफ़र में रहता है

मैं दिल ही दिल में जिसे पूजने लगा हूँ बहुत
वो देवता नहीं, पत्थर सफ़र में रहता है

चेहरा किसी का इतना मिसाली लगा मुझे

चेहरा किसी का इतना मिसाली लगा मुझे
कल उसके दर पे चाँद सवाली लगा मुझे

देखी है जब से फूल सी आँखों में कुछ नमी
झीलों का सब ग़ुरूर ख़्याली लगा मुझे

तुझको ख़बर नहीं है मगर इक तेरे बग़ैर
ये दिल पसन्द शहर भी ख़ाली लगा मुझे

तारे तमाम उसके दुपट्टे पे हैं निसार
ये चाँद उसके हाथ की थाली लगा मुझे

तेरे सुलूक तेरी मुहब्बत का ज़िक्र क्या
अक्सर तेरा ख़ुलूस भी गाली लगा मुझे

"अन्जुम" तेरी ग़ज़ल में कई ऐब हैं मगर
लहजा तेरा ज़रूर मिसाली लगा मुझे

दीवाली

मैं तो समझ रहा था रिवायत[1] का जश्न है
ये तो वफ़ा के फूल की निकहत[2] का जश्न है

इस दिन तो एक प्यार का दीपक जलाएं हम
सच्चाईयों की सच्ची हक़ीक़त का जश्न है

इक़बाल ने कहा था जिसे कल इमामे-हिन्दु
उस मर्दे बे-मिसाल की अज़मत का जश्न है

सुनिये तो कह रहा है उजालों का हर चिराग़
इक ऐसी शानदार सदाक़त[3] का जश्न है

---

1. परम्पराएँ 2. सुगन्ध 3. सच्चाई

भजन

होवय चली जीवन की साम
अब तो दर्शन दय दो राम

सांझ सकारे राह निहारूं
दुख की घड़ी मां कह के पुकारूं

तोहसे पियारा केहकर नाम
अब तो दर्शन दय दो राम

निस दिन व्याकुल मनवा रोए
असुवन मां दुख दर्द समोए

ढूंढ चुकी दुखिया हर धाम
अब तो दर्शन दय दो राम

अस जई है जीवन कय धूप
जैसे गईल आंगन कय धूप

अंत समय बख्सो आराम
अब तो दर्शन दय दो राम

हर एक लफ़्ज़ में सीने का नूर ढाल के रख

हर एक लफ़्ज़ में सीने का नूर ढाल के रख
कभी कभार तो काग़ज़ पे दिल निकाल के रख

जो दोस्तों की मुहब्बत से जी नहीं भरता
तो आस्तीन में दो चार साँप पाल के रख

तुझे तो कितनी बहारें सलाम भेजेंगी
अभी ये फूल सा चेहरा ज़रा संभाल के रख

यहाँ से धूप के नेज़े बुलन्द होते हैं
तमाम छाँव के किस्सों पे ख़ाक डाल के रख

महक रहे हैं कई आसमान मिट्टी में
क़दम ज़मीने-मुहब्बत पे देख-भाल के रख

दिलो-दिमाग़ ठिकाने पे आने वाले हैं
अब उस का ज़िक्र किसी और दिन पे टाल के रख

ख़्वाब के बोझ से गिर गिर के संभलने वाले

ख़्वाब के बोझ से गिर गिर के संभलने वाले
अच्छे लगते हैं मुझे नींद में चलने वाले

इस उदासी के धुएं से तो यही लगता है
बुझ गये होंगे मेरे नाम से जलने वाले

रास्तों आज बता दो कि हक़ीक़त क्या है
थक के क्यूं बैठ गए साथ में चलने वाले

वो अगर चाहें तो पीपल में खजूरें आ जाएं
वरना ये बाँझ शजर अब नहीं फलने वाले

खुश्बूएं हाथ उठाकर जो दुआएं माँगें
ख़त्म हो जाऐंगे सब ज़हर उगलने वाले

झूठी बातें झूठे लोग

झूठी बातें झूठे लोग
सहते रहेंगे सच्चे लोग

हरियाली पर बोलेंगे
सावन के सब अंधे लोग

दो पैसे में मंहगे हैं
किरदारों के सस्ते लोग

मेरी गुज़ारिश क्या सुनते
ऊँचे क़द के छोटे लोग

ग़ैर तो आँसू पोंछेंगे
धोखा देंगे अपने लोग

एक जगह कम मिलते हैं
इतने सारे अच्छे लोग

इस जीवन में घूम चुके
आधी दुनिया पूरे लोग

बरसों में फिर देखें हैं
भोले-भाले   प्यारे   लोग

सदियों   पहले   होते   थे
अपनी धुन के पक्के लोग

हर महफिल में करते हैं
ओछी हरकत ओछे लोग

'वन्दना'

उर्दू में पहली ग़ज़ल वन्दना

पुत्रों पे अपने कीजे कृपा मां सरस्वती
चल जाये रस की ठण्डी हवा मां सरस्वती

मस्तिष्क के पटल पे धुएं का है साम्राज्य
अब सूझती नहीं है दिशा मां सरस्वती

वीणा के तार सार सुनायें त्रिलोक का
कुछ हो अधीर मन में कृपा मां सरस्वती

विचलित हैं अपने अर्थ बताने को गूंजे शब्द
जब मैंने आंसुओं से लिखा मां सरस्वती

"अन्जुम" अनेकता में लिखो फिर से एकता
मुमकिन है यूं चले ये प्रथा मां सरस्वती

रक्षा बंधन

सच्चे रिश्तों का तरफ़दार है रक्षा बंधन
एक मासूम सा इज़हार है रक्षा बंधन

अहले-दिल अहले-वफ़ा अहले-नज़र कहते है
प्यार के नूर का त्यौहार है रक्षा बंधन

हर बुरे वक़्त में हिम्मत के लिये होते हैं
रिश्ते नाते तो ज़रूरत के लिये होते हैं

बेज़बाँ होके भी कहते है ये कच्चे धागे
भाई बहनों की हिफाज़त के लिये होते हैं

हद है कि आंसुओं की तरफ़दारियों के बाद

हद है कि आंसुओं की तरफ़दारियों के बाद
वो मेहरबां हुए हैं दिलाज़ारियों के बाद

मेरे लहू से शहर के रौशन हैं सब चिराग़
मुझ पर भी तोहमतें हैं वफ़ादारियों के बाद

ज़िंदा हैं किस तरह से मुनाफ़िक़ मिज़ाज[1] लोग
वो भी हज़ार तरह की बीमारियों के बाद

तारों की अपने जिस्म पे चादर लपेट के
निकला है आज चांद भी तैय्यारियों के बाद

"अन्जुम" मैं जी रहा हूं बड़ी आन बान से
इस बे मिसाल शहर में बेकारियों के बाद

---

1. विद्वेषी एवं कुंठित मानसिकता

हर्फ़ को ऐतबार बख़्शा कर

हर्फ़ को ऐतबार बख़्शा कर
हर ग़ज़ल आँसूओं से लिखा कर

मंज़िलें नाम से पुकारेंगी
घर से सूरज के साथ निकला कर

तुझसे सौ बार कह चुका हूँ मैं
रात में आईना न देखा कर

तेरे चेहरे पे नूर आएगा
मौसमों का मिज़ाज पूछा कर

बादशाही का शौक़ है तुझको
हम फ़क़ीरों के साथ बैठा कर

अपनी शोहरत पे दोस्तों के साथ
दुश्मनों से भी राय मांगा कर

ये ज़मीं आस्मान हो जाये
ऐसी तरकीब कोई सोचा कर

मैं तुझे ज़िन्दगी सिखा दूंगा
मेरे हुजरे[1] में आके बैठा कर

---

1. सन्त का विश्राम कक्ष

जीना भी इक हुनर है बताना पड़ा मुझे

जीना भी इक हुनर है बताना पड़ा मुझे
ज़र्रे को आफ़ताब[1] बनाना पड़ा मुझे

उस वक़्त दिल पे एक क़यामत गुज़र गई
जब आख़री चिराग़ बुझाना पड़ा मुझे

जब साये रख सके न मेरी बेबसी की लाज
मजबूर हो के धूप में जाना पड़ा मुझे

जब मेरे साथ मेरा मुक़द्दर था दाँव पर
लिख-लिख के तेरा नाम मिटाना पड़ा मुझे

''अन्जुम'' अजीब दौर है जिनसे न दिल मिले
अक्सर उन्हीं से हाथ मिलाना पड़ा मुझे

---

1. सूरज

होली में

बेनियाज़ी का दिखावा है मगर होली में
तितलियां फूल पे रखती हैं नज़र होली में

जिनके चेहरों पे उदासी ही लिखी है वह भी
मुस्कुराते हुए आते हैं नज़र होली में

घर से निकलो कभी बाहर की ख़बर भी रक्खो
लोग रखते हैं ज़माने की ख़बर होली में

चाँद-तारे तो क़तारों में खड़े रहते हैं
ऐसा होता है उजालों का सफ़र होली में

छेड़ती है कोई मासूम-सी खुश्बू दिल को
रोकता है कोई बेनाम सा डर होली में

ज़िन्दगी की बहार होली में
देख तो आ के यार होली में

खुशबुओं की धनक है धरती पर
आसमां पर निखार होली में

लोग तारे शुमार करते हैं
हम करें दिल शुमार होली में

कुछ समन्दर मिज़ाज लम्हों का
है बड़ा इन्तज़ार होली में

सात रंगों के दीप रौशन है
कैसा बिखरा है प्यार होली में

अँधेरे की तरह बेकार लोगों

अँधेरे की तरह बेकार लोगों
दवा खाया करो बीमार लोगों

तराशो उम्र भर पत्थर की सूरत
बहुत काम आएगा किरदार लोगों

पढ़ो लिखी हुई हैं ग़म की खबरें
मिरा चेहरा भी हैं अखबार लोगों

जगाओ सोने वालों को जगाओ
हमारी क़ौम के बेदार लोगों

वफ़ादारी के मतलब हमसे पूछो
बताएंगे तुम्हे, ग़द्दार लोगों

रंग था जिनके इक तबस्सुम से

रंग था जिनके इक तबस्सुम[1] से
वो भी रहने लगे हैं गुमसुम से

बारिशों में ये पेड़-पौधे भी
बात करते हैं सब तरन्नुम[2] से

ख़ुशबुओं के चराग़ जलने लगे
आपके फूल से तबस्सुम से

जिसका लहरों पे नाम लिखा हो
वो डरेगा किसी तलातुम[3] से

आईने का कमाल हैं ये भी
बचता रहता हैं हर तासादुम[4] से

अब मुहब्बत का ज़िक्र मत छेड़ो
अब तो नफ़रत भी हो गई तुमसे

जैसे खामोशियों का सहरा[5] हो
दुःख हुआ आज मिल के "अंजुम" से

---

1. हल्की मुस्कुराहट 2. लयबद्ध गायन 3. समुद्री तूफ़ान 4. टकराव 5. रेगिस्तान

कुछ तो नया किया है हवा ने पता करो

कुछ तो नया किया है हवा ने पता करो
बरहम[1] हैं क्यू चिराग़ पुराने पता करो

मेरा भी एक अब्र[2] के टुकड़े पे नाम है
आऐगा कब वो प्यास बढ़ाने पता करो

किस किस ने सब्ज़[3] पेड़ गिराए हैं इस बरस
तूफ़ाँ ने, आँधियों ने, हवा ने पता करो

कुछ लोग मसलिहत का जनाज़ा उठाए हैं
जाऐंगे किस तरफ़ ये दिवाने पता करो

शोहरत की रोशनी हो के नफ़रत की तीरगी
क्या-क्या उसे दिया है खुदा ने पता करो

दुनिया पे कोई ऐब लगाने से पेशतर
दुनिया के सारे ऐब पुराने पता करो

"अन्जुम" को हाफ़ज़े पे बहुत अपने नाज़ है
खाता है किस अनाज के दाने पता करो

---

1. क्रोधित 2. बादल 3. हरे

अगर चलीं सर फिरी हवाएं
उरूज पर फिर जुनून होगा

अगर चलीं सर फिरी हवाएं उरूज[1] पर फिर जुनून[2] होगा
कई चिराग़ों का दम घुटेगा कई चिराग़ों का खून होगा

शराफ़तों को अमीन[3] रक्खो इबादतों पर यक़ीन रक्खो
तुम्हें नवाज़ेगी सारी दुनिया हर एक लम्हा सुकून होगा

वो बेख़बर है बताओ वरना नई ख़बर ये सुनाओ वरना
बहुत से चेहरों पे ख़ाक होगी बहुत सी आँखों में खून होगा

जो आँसूओं को छुपा रहा है ग़मों में भी मुस्कुरा रहा है
उसे सलीक़ा है ज़िन्दगी का उसे शऊरे-फ़ुनून[4] होगा

इसी तमन्ना के साये-साये हयात गुज़री है सर झुकाए
कभी तो राहत हमें मिलेगी कभी तो हमको सुकून होगा

---

1. उन्नति, उत्कर्ष 2. पागलपन 3. संरक्षक 4. कलाओं से संबंधित विवेक

लहजे की उदासी कम होगी
बातों में खनक आ जायेगी

लहजे की उदासी कम होगी बातों में खनक आ जायेगी
दो रोज़ हमारे साथ रहो चेहरे पे चमक आ जायेगी

ये चाँद सितारों की महफ़िल मालूम नहीं कब रौशन हो
तुम पास रहो तुम साथ रहो जज़्बों में कसक आ जायेगी

कुछ देर में बादल बरसेंगे, कुछ देर में सावन झूमेंगे
तुम ज़ुल्फ़ यूं ही लहराये रहो मौसम में सनक आ जायेगी

जब उसकी मलाहत[1] के क़िस्से लिक्खूंगा ग़ज़ल के शेरों में
हर रूखे-फीके मिसरे[2] में तासीरे[3]-नमक आ जायेगी

सूरज को ज़रा कुछ ढलने दो कुछ वक़्त का दरिया बहने दो
जो धूप अभी तक सर पर है वो पाँव तलक आ जायेगी

ये सोच के तेरे क़दमों की कुछ ख़ाक उड़ा दी गुलशन में
हर फूल में तेरे चेहरे की थोड़ी सी झलक आ जायेगी

---

1. साँवला/सलोनापन 2. ग़ज़ल के शेर की एक पंक्ति 3. गुण/विशेषता

जिस बात का मतलब ख़ुश्बू है हर गाँव के कच्चे रस्ते पर
उस बात का मतलब बदलेगा जब पक्की सड़क आ जायेगी

ये प्यार का दिन है प्यार का दिन इक़रार करो ''अन्जुम'' साहिब
इस दिन की ज़रा सी क़द्र करो जीवन में महक आ जायेगी

33

मुहब्बतों का समन्दर सुखाना चाहती है

मुहब्बतों का समन्दर सुखाना चाहती है
हवा चराग़ नहीं दिल बुझाना चाहती है

तुझे मरज़ है उदासी के गीत सुनने का
ये ज़िन्दगी तो अभी मुस्कुराना चाहती है

दिलों के साथ तअस्सुब[1] का खेल मत खेलो
ये आग प्यार का क़ाग़ज़ जलाना चाहती है

---

1. साम्प्रदायिकता

ख़ुश्बुओं पर अब शबाब आने को है

ख़ुश्बुओं पर अब शबाब आने को है
मेरे ख़त का भी जवाब आने को है

हैं सभी सहमे हुऐ इस शहर में
इक नया फिर इन्क़िलाब आने को है

क्यूँ सुलगती है घनेरी छाँव भी
क्या ज़मीं पर आफ़ताब आने को है

शोर है "अन्जुम" ग़िज़ालों[1] में बहुत
मेरी ग़ज़लों की किताब आने को है

---

1. हिरण का बहुचयन

35

कुछ लोग तकेंगे हैरत से
कुछ दिल को संभाले देखेंगे

कुछ लोग तकेंगे हैरत से कुछ दिल को संभाले देखेंगे
जब साथ चलोगे तुम मेरे सब देखने वाले देखेंगे

अजदाद[1] की सच्ची अज़मत के क़िस्से तो सुनाओ दुनिया को
कुछ लोग किताबें ढूंढेंगे कुछ लोग हवाले देखेंगे

यह रात बहुत तारीक[2] सही लेकिन ये सहर तक जायेगी
इस रात से जो टकरायेंगे वो दिन के उजाले देखेंगे

हर रंगे-मुहब्बत में हमको देखा है ज़माने वालों ने
गरदन में किसी की चाहत का तावीज़ भी डाले देखेंगे

ये वक़्त बताएगा तुमको क्या बंद है मेरी मुट्ठी में
जब दस्ते-हुनर मैं खोलूंगा सब गोरे काले देखेंगे

दो चार क़दम की बात है बस अब राह में रुक कर क्या देखें
मंज़िल तो नज़र में आ जाए फिर पाँव के छाले देखेंगे

---

1. पूर्वज 2. काली

ख़ुश्बू का तज़्किरा भी हवाओं की भूल है

ख़ुश्बू का तज़्किरा भी हवाओं की भूल है
दुनिया तो हर लिहाज़ से काग़ज़ का फूल है

इस दौर में भी प्यार का हासिल है इंतेज़ार
तुम क्यों समझ रहे हो पुराना उसूल है

इस का वरक़ वरक़ है बहारों की दास्तां
सूखा हुआ गुलाब ख़िज़ां[1] का रसूल[2] है

अल्फ़ाज़ जल रहे हैं मकानों के साथ-साथ
लेकिन ग़ज़ल का शेर मुहब्बत का फूल है

"अन्जुम" मैं आईना हूं किसी को ख़बर नहीं
मुझ पर बहुत दिनों से मसाइल की धूल है

---

1. पतझड़ 2. संदेश वाहक

अपने हर एक दर्द को लफ़्ज़ों मे ढाल के

अपने हर एक दर्द को लफ़्ज़ों मे ढाल के
काग़ज़ पे रख दिया है कलेजा निकाल के

ग़म तुमने जो दिया था मुहब्बत के नाम पर
रक्खी है आज तक वो अमानत सम्हाल के

ऐसा न हो के रास न आए हमें सफ़र
चलना तो है ज़रूर मगर देखभाल के

मेरा उरूज देख के उम्मीद के ख़िलाफ़
हर एक की जुबां पे हैं चर्चे ज़वाल के

"अन्जुम" अब उसके ख़्वाब की रातें तो हैं मगर
दिन तो गुज़र चुके हैं किसी के ख़्याल के

शायद नए सफ़र की कहानी लिखेंगे लोग

शायद नए सफ़र की कहानी लिखेंगे लोग
पानी को ख़ून, ख़ून को पानी लिखेंगे लोग

ऐ आसमान हर्फ़ को फिर ऐतबार दे
वरना हक़ीक़तों को कहानी लिखेंगे लोग

क़ाग़ज़ पे अब लहू की लकीरें भी आ गईं
कब तक हमारे ख़ून को पानी लिखेंगे लोग

जब चाँद मुस्कुरायेगा फूलों की शाख़ पर
फिर तो हर एक रात सुहानी लिखेंगे लोग

इस सादगी में रंगे मुहब्बत ज़रूर है
"अन्जुम" तेरी ग़ज़ल के मआनी लिखेंगे लोग

दिल का गुलाब मैंने जिसे चूम कर दिया

दिल का गुलाब मैंने जिसे चूम कर दिया
उसने मुझे बहार से मेहरूम[1] कर दिया

अब फूल क्या खिलें कि जहां पत्तियां नहीं
मौसम ने शाख़ शाख़ को मसमूम[2] कर दिया

घर बार छोड़ कर वो फ़क़ीरों से जा मिले
चाहत ने बादशाहों को मेहकूम[3] कर दिया

इन आंसुओं से दिल की तपिश और बढ़ गई
बारिश ने और भी मुझे मग़मूम[4] कर दिया

ये आरज़ू है उस पे कोई नात लिख सकूं
जिस ने गुनाहगार को मासूम[5] कर दिया

"अन्जुम" जनाबे-मीर का ये फ़ैज़ ख़ास है
हम ने भी अपने दर्द को मन्ज़ूम[6] कर दिया

---

1. वंचित 2. विषाक्त 3. अधीन 4. दुःखी 5. जिससे कभी कोई पाप न हुआ हो
6. छन्दबद्ध

40

मैं जानता हूं मुझको किधर जाना चाहिये

मैं जानता हूं मुझको किधर जाना चाहिये
मौसम की सरहदों से गुज़र जाना चाहिये

खुश्बू का ऐहतराम[1] हवाएं न कर सकीं
फूलों को अपनी शाख़ पे मर जाना चाहिये

मैं तो समझ रहा था मुहब्बत गुलाब है
ये बोझ है तो दिल से उतर जाना चाहिये

अल्लाह मेरे दिल में मुहब्बत नहीं रही
इस आईने को अब तो बिखर जाना चाहिये

किस को पुकारते हो सितारे तो सो गये
शब[2] के मुसाफ़िरों को भी घर जाना चाहिये

पानी से दुश्मनी है तो कश्ती में क्यों रहें
दरिया की तह में हमको उतर जाना चाहिये

"अन्जुम" मेरा ख़्याल है चाहत के वास्ते
ये रास्ता कठिन है मगर जाना चाहिये

---

1. सम्मान 2. रात

कुछ वक़्त चाहते हैं ग़म दो जहाँ से हम

कुछ वक़्त चाहते हैं गमे-दो जहाँ दो जहाँ से हम
देखेंगे इस ज़मीन की तरफ आस्माँ से हम

आँसू थमे तो पूछेंगे अहले-जहाँ से हम
ये दास्ताने-सब्र सुनाएं कहाँ से हम

हर-हर क़दम पे सिर्फ़ उदासी की गर्द है
जिस दिन से बदगुमाँ हैं किसी मेहरबाँ से हम

पहरे लगे हुऐ हैं यहाँ हर्फ़-हर्फ़ पर
बेहतर यही है कुछ न कहें अब ज़बाँ से हम

कुछ ख़ास दोस्तों की परेशानियाँ बड़ी
जबसे दिखाई देने लगे शादमाँ से हम

किरदार मरकज़ी ही रहा है इसी लिये
बाहर नहीं हुए हैं किसी दास्ताँ से हम

वीरानियों के हुस्न का एहसास तब हुआ
जब खुद को ढूँढते हुऐ गुज़रे वहाँ से हम

वो तीर हैं के जिससे निशाने भी खुश रहे
टूटे नहीं उलझ के ग़मों की कमाँ से हम

पढ़िये हमारे चेहरे पे सब कुछ लिखा तो है
कब तक सफ़ाई पेश करेंगे ज़बाँ से हम

"अन्जुम" वतन की अज़मत-ओ-इज़्ज़त के नाम पर
गुज़रें हैं सौ तरह के कड़े इम्तिहाँ से हम

महफ़िल का लुत्फ़ इसलिये तन्हाईयों में है

महफ़िल का लुत्फ़ इसलिये तन्हाईयों में है
तेरा ख़्याल रूह की गहराईयों में है

सूरज को सर उठा के न देखा तो ये खुला
सूरज का सब गुरूर तो परछाईयों में है

आंगन तो बँट चुका है मगर दिल न बँट सके
अब भी वही ख़ुलूस मेरे भाईयों में है

यारों से दिल की बात समझ बूझ कर कहो
अब मसलेहत का दख़्ल शनासाईयों में है

ऐ बे-ख़बर, ख़बर भी तुझे है कि मैं कहूं
"अन्जुम" भी आज कल तेरे शैदाईयों में है

मैं ज़माने से कहूँगा ये बुरा दिन तो ढले

मैं ज़माने से कहूँगा ये बुरा दिन तो ढले
मेरा हमदर्द अगर है तो मेरे साथ चले

अब वही मेरी तबाही का सबब ठहरे हैं
जिन चिराग़ों को बचाने में मेरे हाथ जले

सोने चाँदी की तरह जो भी चमकना चाहे
अपने चेहरे पे मशक़्क़त की सदा ख़ाक मले

सब्र का चाँद न डूबा है न डूबेगा कभी
ज़ुल्म की धूप के सूरज तो हमेशा ही ढले

मुझ पे अल्लाह की रहमत तो बहुत है "अन्जुम"
कोई इस बात से जलता है तो जी भर के जले

दिल के उजड़े हुए गुलशन में अगर तू आ जाये

दिल के उजड़े हुऐ गुलशन में अगर तू आ जाये
क्या ख़बर क़ाग़जी फूलों में भी खुश्बू आ जाये

मैं अकेले में यही एक दुआ माँगता हूँ
मेरे मालिक मेरे बेटे को भी उर्दू आ जाये

हर तरफ अब तो उदासी का घना कोहरा है
दश्त बे महर[1] में क्यूँ प्यार का आहू[2] आ जाये

दिल के इस शहर में यूँ तेरा ख़्याल आया है
जैसे जंगल से पलट कर कोई साधू आ जाये

मैं क़लंदर की तरह रक़्स करूँगा लेकिन
साथ देने के लिये मजमा-ए-बाहू[3] आ जाये

---

1. अकृपालु जंगल 2. हिरण 3. ख़ुदा का नाम जपने वाली मंडली

आँसू मिरी पलकों से दिन में कहाँ ढलते हैं

आँसू मेरी पलकों से दिन में कहाँ ढलते हैं
रातों के मुसाफ़िर हैं रातों में निकलते हैं

कुछ लोग तो बरसों से शोहरत पे मेरी यारों
या ज़हर उगलते हैं या आग उगलते हैं

फूलों की तरह सबकी किस्मत में नहीं शाख़ें
फ़ाक़ों में पले बच्चे तलवार पे चलते हैं

हम दोनों मुहब्बत के मजबूर मुसाफ़िर हैं
तुम बर्फ़ पे चलते हो हम आग पें चलते हैं

सदियों से चिराग़ों की तक़दीर नहीं बदली
हर सुब्ह को बुझते हैं हर शाम को जलते हैं

नहीं थे कुछ तो कई नेक काम करते थे

नहीं थे कुछ तो कई नेक काम करते थे
सफेद पोशों को अकसर सलाम करते थे

अजीब लोग थे पहले के, हम फ़क़ीरों से
बड़े ज़रूर थे पर एहतिराम करते थे

किसी के फूल से चेहरे पे सुब्ह लिखते थे
किसी की ज़ुल्फ़ के साये में शाम करते थे

जो मिन्नतों से मिला है तुम्हारे आक़ा को
कभी ये काम हमारे गुलाम करते थे

अब जिस्म नहीं रूह को ज़ंजीर करेंगे

अब जिस्म नहीं रूह को ज़ंजीर करेंगे
इस बार जो आंसू मेरे तक़रीर करेंगे

हम लोग तो ख़ुश्बू हैं किसी शहर में बस जाएँगे
पल भर में हर इक शख़्स को जंजीर करेंगे

जो ख़्वाब हैं आँखों में मुहब्बत के अलावा
वो ख़्वाब भी शर्मिन्द-ए-ताबीर[1] करेंगे

अब महले दो महले का नशा टूट रहा है
अब लोग नऐ ज़हृन की तामीर करेंगे

जब दिल के इलाक़े में दुआबा[2] न रहेगा
नीलाम उसी रोज़ ये जागीर करेंगे

---

1. स्वप्न के साकार होने की स्थिति 2. दो नदियों के बीच पड़ने वाला क्षेत्र, अर्थात संगम

48

इक नई दास्ताँ तलाश करें

इक नई दास्ताँ तलाश करें
अब यक़ीं में गुमाँ-तलाश करें

मीर से जो मिली थी वरसे में
उस ग़ज़ल को कहाँ तलाश करें

मौत देखी है शाह राहों पर
ज़िन्दगी को कहाँ तलाश करें

हर तरफ फूल हों मुहब्बत के
आओ ऐसा जहाँ तलाश करें

धूप ही धूप जब मुक़द्दर है
किस लिये सायबाँ तलाश करें

शहर में ढूँढने से अच्छा है
जंगलों में अमाँ तलाश करें

दिल सजे हों जहाँ सलीक़े से
कोई ऐसी दुकाँ तलाश करें

बे लिबास शाख़ों का तज़किरा ज़रूरी है

बे लिबास शाख़ों का तज़किरा ज़रूरी है
वरना मौसमे गुल की दास्तां अधूरी है

तेरा मेरा रिश्ता भी क्या अजीब रिश्ता है
जैसे दो किनारों की क़िस्मतों में दूरी है

आप को बताऊं क्या आप ख़ुद ही पढ़ लेंगे
मेरे इश्क़ नामे की पहली जिल्द[1] पूरी है

और इस कहानी में कुछ नया नहीं साहिब
शाहराहे आज़म[2] है शेरशाह सूरी है

एक जैसा लगता है वस्लो-हिज्र[3] का मौसम
फ़ासलों में क़ुरबत है क़ुरबतों में दूरी है

---

1. संस्करण 2. जी.टी. रोड 3. विरह-मिलन

दामन को कभी अश्क भी पीने नहीं देते

दामन को कभी अश्क[1] भी पीने नहीं देते
हम भीख में अनमोल नगीने नहीं देते

क्या रंग चढ़ा है कि तेरी याद के साये
अब चाक गिरेबान भी सीने नहीं देते

मैं उसको भुलाता हूं तो बीते हुए लम्हे
आराम से ये ज़हर भी पीने नहीं देते

हम एहले-मुहब्बत के हैं कुछ तौर तरीक़े
हम सब को मुहब्बत के क़रीने नहीं देते

"अन्जुम" ये मुहब्बत के मसाइल भी अजब हैं
मरने नहीं देते कभी जीने नहीं देते

---

1. आँसू

चिलमन के आस पास तमाशा कुछ और है

चिलमन के आस पास तमाशा कुछ और है
लेकिन मेरी निगाह ने देखा कुछ और है

तस्वीर ही पे जान दिये दे रहा है दिल
ये जानते हुए कि सरापा कुछ और है

दर दर की ख़ाक़ छान चुका तब ख़बर हुई
शायद मेरे नसीब में लिक्खा कुछ और है

चेहरे पे इसके आज भी है मसलेहत की धूप
लेकिन दिलो-नज़र का तक़ाज़ा कुछ और है

पहले वो शख़्स इश्क़ के रस्ते पे था मगर
अब जिस पे चल रहा है वो रस्ता कुछ और है

वो दोस्ती में जान के खाता है ख़ुद फ़रेब
पर उसकी दुश्मनी का तरीक़ा कुछ और है

"अन्जुम" कभी कभार इधर भी तो ध्यान कर
वो वक़्त और था ये ज़माना कुछ और है

हालात कभी ऐसे निराले नहीं देखे

हालात कभी ऐसे निराले नहीं देखे
रौशन हैं चिराग़ और उजाले नहीं देखे

मस्जिद नहीं देखी कि शिवाले नहीं देखे
इस दौर में सच बोलने वाले नहीं देखे

दुनिया तो है रूठी हुई दुनिया से गिला क्या
तुमने भी मेरे पांव के छाले नहीं देखे

इस तरह से लूटी गई तहज़ीब की देवी
हाथों में हिना[1] कानों में बाले नहीं देखे

तुम से भी ज़माने को समझने में हुई भूल
हम ने भी किताबों के हवाले नहीं देखे

ख़ुद अपना लहू पीते हैं इक उम्र से "अन्जुम"
हम ने तो शराबों के पियाले नहीं देखे

---

1. मेंहदी

माना कि इस किताब का काग़ज़ महीन है

माना कि इस किताब का काग़ज़ महीन है
दिल का गुलाब सबसे ज़ियादा हसीन है

आवाज़ और नज़र की हदों में है कायनात
ये बे-दिमाग़ अहद बला का ज़हीन है

पलकों के सायबाँ की तरह आस्मां रहे
जब तक कि मेरे पाँवों के नीचे ज़मीन है

वो बादशाह हो कि अमीरो-वज़ीर हो
हर दिल में इक फ़क़ीर भी गोशा नशीन है

लहजे की चाँदनी से महकती रहे ग़ज़ल
लफ़्ज़ों का ये चराग़ दिलों का अमीन[1] है

____

1. संरक्षक

क्या अब भी मैकदे को संभाला न जाएगा

क्या अब भी मैकदे को संभाला न जाएगा
कम ज़र्फ़ मैकशों को निकाला न जाएगा

हम ने जला लिया है दिया अपने ख़ून से
अब तो हमारे घर से उजाला न जाएगा

फ़न तो उरूज पा गया लेकिन तमाम उम्र
फ़नकार की हथेली से छाला न जाएगा

तन्हा हूं और तेज़ हवाओं का सामना
अब ज़िंदगी का बोझ संभाला न जाएगा

मुमकिन है होंट नाम भुला दें तेरा मगर
दिल की किताब से ये हवाला न जाएगा

"अन्जुम" है क्यों शराब से ख़ाली तिरा गिलास
क्या आफ़ताब शब में निकाला न जाएगा

क़तरा मिरे लहू का जफ़ा के बदन पे था

क़तरा मिरे लहू का जफ़ा के बदन पे था
जलता हुआ चिराग़ हवा के बदन पे था

पहने है जिसको आज सियासत फ़रेब से
कल तक यही लिबास वफ़ा के बदन पे था

मौसम ने भी सुबूत ज़ेहानत का दे दिया
वरना ये दिल का बोझ घटा के बदन पे था

देखा जो मैंने आईना उस चश्मे नम के बाद
इक ना-शनास ज़ख़्म अना के बदन पे था

शायद किसी गुलाब से टकराई थी सबा
ख़ुश्बू का एक दाग़ हवा के बदन पे था

किसी का जिस्म नहीं दिल है इन्तेज़ार की रात

किसी का जिस्म नहीं दिल है इन्तेज़ार की रात
तमाम उम्र का हासिल है इन्तेज़ार की रात

ये कह रहे हैं सितारे उदासियां ओढ़े
हमारे प्यार की क़ातिल है इन्तेज़ार की रात

तुम्हारी राह में आसानियां सुनहरे दिन
हमारी राह में मुश्किल है इन्तेज़ार की रात

वह जिसके नाम से तन्हाइयाँ हैं सब रौशन
उसी के नाम से ग़ाफ़िल है इन्तेज़ार की रात

हम इस सफ़र में अकेले नहीं हैं ऐ "अन्जुम"
हमारे साथ भी शामिल है इन्तेज़ार की रात

बारिश बहुत शदीद थी पत्थर भी हिल गये

बारिश बहुत शदीद थी पत्थर भी हिल गये
अब के कई पहाड़, तो मिट्टी में मिल गये

सूरज की तरह मैं, भी परिंदा हूं धूप का
जब शाम हो गई तो मेरे होठ सिल गये

अपनी मशक्क़तों का मुकद्दर वही रहा
इस बार अपने हाथ नहीं पांव छिल गये

कल रात आँसुओं से ज़मीं आसमां हुई
ऐसा लगा कि रेत पे कुछ फूल खिल गये

ना क़द्ररियों की धूल को चेहरे पे मल के आज
"अन्जुम" इसी तरफ़ से कई अहले-दिल गये

58

मजबूरियों ने घर से निकलने नहीं दिया

मजबूरियों ने घर से निकलने नहीं दिया
मुझको मेरी ज़मीन ने चलने नहीं दिया

ख़ुश्बू कहां से आयेगी लफ़्ज़ों के बाग़ में
मौसम का कोई फूल ग़ज़ल ने नहीं दिया

मुझको कभी गुरूर से निसबत नहीं रही
ये साँप आस्तीन में पलने नहीं दिया

सूरज को रौशनी से अदावत ज़रूर है
इसने किसी चराग़ को जलने नहीं दिया

"अन्जुम" इस एहतियात से रोया हूं सारी रात
पलको से आंसुओं को भी ढलने नहीं दिया

मक़तले-रिज़्क़ में इस तरह दिवाने आये

मक़तले-रिज़्क़ में इस तरह दिवाने आये
जैसे सहरा[1] में कोई ख़ाक उड़ाने आये

उसने काजल से मेरा नाम लिखा था शायद
इसलिये रात कई ख़्वाब सुहाने आये

जब हवायें हों मुख़ालिफ़ तो कहां मुमकिन है
कोई जंगल में लगी आग बुझाने आए

आप से माँ ने कभी दूध की क़ीमत मांगी
आप किस ज़ोम में ये क़र्ज़ चुकाने आये

जब के मालूम था दरबान है सूरज फिर भी
मोम के लोग मेरे घर को जलाने आए

मैं तो मंसूर का हामी भी नहीं हूं "अन्जुम"
लोग फिर क्यों मुझे सूली पे चढ़ाने आये

---

1. रेगिस्तान

सिर्फ़ ज़िक्रे-शराब करते हो

सिर्फ़ ज़िक्रे-शराब करते हो
वक़्त को क्यों ख़राब करते हो

कुछ बताओ तो ज़र्राए-दिल को
किस तरह आफ़ताब करते हो

अपने रुख़ पर नक़ाब रहने दो
क्यूं हक़ीकत को ख़्वाब करते हो

जैसे रिमझिम फुहार सावन की
गुफ़्तगू लाजवाब करते हो

फिर कहानी सुना के "अन्जुम" की
संग को आब-आब करते हो

धरती पे आसमान है जंगल हवा में है

धरती पे आसमान है जंगल हवा में है
ये पुर फ़रेब हुस्न भी पागल हवा में है

क़ातिल मेरा कहां है मुअल्लक़ पता नहीं
लेकिन मेरे ज़मीर का मक़तल हवा में है

दिल ने सुनी है नग़मा-ए-ख़ुशकुन[1] की बाज़ गश्त
लगता है उसके पाँव की पायल हवा में है

ख़ुश फहमियों का ज़हर जला दे चराग़े-शाम
तु मसअला नहीं है तेरा हल हवा में है

हर मोड़ पर तुम्हारे बदन की महक मिली
शायद तुम्हारे प्यार का सन्दल हवा में है

---

1. प्रसन्न करने वाला गीत

62

ये कहके दस्ते दुआ कुछ फ़क़ीर खींचते हैं

ये कहके दस्ते दुआ कुछ फ़क़ीर खींचते हैं
यहाँ तो मुंह से निवाले अमीर खींचते हैं

ना जाने क्यों मेरी आँखें बरसने लगती हैं
जब अपनी अपनी रसन[1] ख़ुद असीर खींचते हैं

ग़मे हयात पे ग़ालिब की दस्तरस[2] क्या है
ग़मे हयात का नक़्शा तो मीर खींचते हैं

किसी की याद की सीता है मन के मंदिर में
मगर ख़ुलूस के लक्ष्मन लकीर खींचते हैं

उन्हीं को कर दिया मतरूक[3] मेरे हाकिम ने
जो लफ़्ज़ आज भी ज़ख़्मों से पीर खींचते हैं

दबीज़ पर्दे जो आँखों पे हैं ताअस्सुब के
कभी कभार उन्हें बा-ज़मीर खींचते हैं

ये बात ग़ौरतलब है कि अद्ल[4] की ज़ंजीर
बिला सबब तो नहीं हर्फ़गीर[5] खींचते है

---

1. रस्सी 2. पहुंच 3. निषिद्ध 4. न्याय 5. दोष निकालने वाले

63

मेरे ख़ुलूस की ताबिन्दगी है सब से अलग

मेरे ख़ुलूस की ताबिन्दगी है सब से अलग
कि इस चिराग़ को रखिये चिराग़े शब[1] से अलग

मेरा नसब[2] तो ज़मानत है नस्ले इंसा की
मुझे शुमार न करना मेरे नसब से अलग

तुझे मैं अपनी ग़रीबी में क्या करूँ शामिल
ये मसअला है, मेरे यार चश्मो लब से अलग

मैं आरजुओं से ख़ुद को बचाऊं भी कैसे
कि दिल हुआ ही नहीं ख़्वाहिशो तलब से अलग

वो दर्स देने लगे आज फ़र्ज़ो वाजिब[3] का
जो सारी उम्र रहे ख़ुद ही मुस्तहब[4] से अलग

---

1. रात्रि का दीपक 2. वंशावली 3. अति आवश्यक/आवश्यक 4. पुनीत

जंजीर तो पैरों से थकन बांधे हुए है

ज़ंजीर तो पैरों से थकन बांधे हुए है
दीवाना मगर सर से कफ़न बांधे हुए है

ख़ुश्बू के बिखरने में ज़रा देर लगेगी
मौसम अभी फूलों के बदन बांधे हुए है

दस्तार[1] में ताऊस[2] के पर बांधने वाला
गरदन में मसाईल[3] की रसन बांधे हुए है

शायद किसी मजज़ूबे मुहब्बत[4] को ख़बर हो
किस सहूर[5] से धरती को गगन बांधे हुए है

मेराजे-अक़ीदत[6] है कि तावीज़ की सूरत
बाज़ू पे कोई ख़ाके वतन बांधे हुए है

सूरज ने अंधेरों की नज़र बांध के पूछा
अब कौन उजालों का सुखन बांधे हुए है

---

1. पगड़ी 2. मोर 3. विपदा 4. ईश्वर प्रेम में डूबा हुआ संत 5. जादू
6. सम्मान की पराकाष्ठा

मेरे सुख़न में हों शामिल दुआएं भी सब की

मेरे सुख़न में हों शामिल दुआएं भी सब की
मैं अपने ख़ून से लिक्खूं नवाज़िशें रब की

मुसाहिबत[1] का हुनर तो सिखाएंगे ग़ालिब
जनाबे-मीर बताऐंगे नाज़ुकी लब की

ज़मीं के सारे ख़ुदाओं को टोक देता था
मेरा ज़मीर था ज़िंदा ये बात है तब की

हमें शऊरे-वफ़ा है तो ग़म उठाते हैं
तुम्हें तो ख़ून रुलाएगी पैरवी सब की

किसी के नाम की बिखरी है चांदनी घर में
बदन समेट के चलती है तीरगी शब की

---

1. किसी बड़े व्यक्ति के साथ उठना-बैठना

अंधेरी रात में हम चल रहे हैं

अंधेरी रात में हम चल रहे हैं
चिराग़ों की तरह से जल रहे हैं

हमें यूं भूलना आसां नहीं है
तुम्हारी आँख का काजल रहे हैं

तुझे कुछ याद है ऐ शहरे-ख़ुश्बू
गली कूचे तिरे मक़्तल रहे हैं

अमीरों में गिना जाता है जिनको
तिरे टुकड़ों पे वो भी पल रहे हैं

यक़ीनन चाँद घर से चल चुका है
सितारे अपनी आँखें मल रहे हैं

तुझे रास आ गया ये शहर "अन्जुम"
बहुत से लोग तुझ से जल रहे हैं

ऐहसाने-ग़ैर क्यों हो गवारा ज़मीन को

ऐहसाने-ग़ैर क्यों हो गवारा ज़मीन को
काफ़ी है आस्मां का सहारा ज़मीन को

बेहतर यही है ख़ुद को समझ वरना फिर मुझे
करना पड़ेगा सिर्फ़ इशारा ज़मीन को

फुरसत कभी मिले तो ज़रा ये भी सोचना
है कितना इंतेज़ार तुम्हारा ज़मीन को

इल्ज़ाम तो बहुत हैं मगर माँ के नाम से
हमने तमाम उम्र पुकारा ज़मीन को

इक सान्हे के बाद इसी आस्मान ने
दी है नई हयात दोबारा ज़मीन को

मेरे ख़ुदा ने सिर्फ़ मुहम्मद (स.) के वास्ते
किस ख़ुश सलीक़गी से संवारा ज़मीन को

"अन्जुम" बस एक चांद नहीं तेरे हाल पर
कहना पड़ा है वक़्त का मारा ज़मीन को

हम ख़ुद से बेख़बर हैं अभी तक हैं ताव में

हम ख़ुद से बेख़बर हैं अभी तक हैं ताव में
बैठे हैं जान बूझ के काग़ज़ की नाव में

बेहतर यही है अब ये तअस्सुब[1] की लकड़ियां
हम सब जलायें प्यार के बुझते अलाव में

परदे पड़े थे अक़्ल पे नफ़रत की गर्द के
वरना हम आते और किसी के दबाव में

सोने के मोल उसने ख़रीदा तो है मगर
बेचेगा एक दिन तुझे मिट्टी के भाव में

"अन्जुम" किसी ने ऐसे उठाई झुकी नज़र
हम कुछ न कह सके वहां अपने बचाव में

---

1. सांप्रदायिकता

हम सबको बताते रहते हैं ये बात पुरानी
काम की है

हम सबको बताते रहते हैं ये बात पुरानी काम की है
दस बीस घरों में चर्चे हों तब जाके जवानी काम की है

ये वक़्त अभी थम जायेगा, माहौल में दिल रम जाएगा
बस आप यूँ ही बैठे रहिये ये रात सुहानी काम की है

आसान भी है दुश्वार भी है दुख सुख का बड़ा बाज़ार भी है
मालूम नहीं तो मुझसे सुनो ये दुनिया दिवानी काम की है

मशहूर भी हैं बदनाम भी हैं ख़ुशियों के नऎ पैग़ाम भी हैं
कुछ ग़म के बड़े इनआम भी हैं पढ़िये तो कहानी काम की है

जो लोग चले हैं रूक-रूक कर हमवार ज़मीं पर झुक-झुक कर
वो कैसे बताऐंगे तुमको दरिया की रवानी काम की है

ख़िज़ाँ मिली है अभी तक कहीं बहार मिले

ख़िज़ाँ मिली है अभी तक कहीं बहार मिले
सफ़र में प्यार का मौसम तो बा-बिक़ार मिले

मैं ऐसे दर का गदा[1] हूँ जहाँ पे मोती क्या?
हज़ार बार मुझे संग आबदार मिले

ख़ुशी का नूर तो यक बारगी मिला है तुम्हें
हमें तो ग़म के अंधेरे भी किस्तवार मिले

तेरी चमक का तक़ाज़ा नहीं ज़रूरत है
तेरे ख़मीर में थोड़ा सा इन्किसार[2] मिले

ये आरज़ू है के अब रौशनी के क़िस्से हैं
मेरे चिराग़ को सूरज का ऐतिबार मिले

मैं ख़ुश नसीब बहुत हूँ के मुझको दुनिया में
क़दम-क़दम पे मुहब्बत के शाहकार मिले

मैं आस्मानो-ज़मीन की हदें मिला दूँगा
जो चार रोज़ का सचमुच में इख़्तियार मिले

---

1. भिखारी 2. विनम्रता

किसी के हुस्न का चर्चा ज़्यादा करना है

किसी के हुस्न का चर्चा ज़्यादा करना है
अभी इरादा नहीं है इरादा करना है

वही सफ़र जिसे मैं ठोकरों पे रखता था
वही सफ़र मुझे अब पा पियादा[1] करना है

ये धुन भी है कि किसी दिल में घर किया जाए
मगर ये काम पहाड़ों में जादा[2] करना है

कलामे मीर का मैं राज़ जान लूँ पहले
कलामे मीर से फिर इस्तेफ़ादा[3] करना है

---

1. नंगें पैर 2. रास्ता 3. लाभ

है तुम्हें बिरहन की आंखों का
जो मंज़र देखना

है तुम्हें बिरहन की आंखों का जो मंज़र देखना
तुम भरी बरसात में आकर मेरा घर देखना

सर बुलन्दी का मेरी पुर-जोश मंज़र देखना
तुम ज़रा अवराके माजी[1] फिर उलट कर देखना

हद से बढ़ जाना भी होता है तबाही का सबब
पांव फैलाने से पहले अपनी चादर देखना

राख में किसने छिपा दीं हर जगह चिंगारियां
इस सुलगते शहर में घर से निकल कर देखना

क्या अजब सूरत कोई आए उभर के सामने
आंसुओं से तुम किसी का नाम लिख कर देखना

मुझ को "अन्जुम" अपनी हिम्मत पर भरोसा है बहुत
बुज़दिलों का काम है दुश्मन का लश्कर देखना

---

1. भूतकाल के पन्ने

मैं अपनी ज़ात से जब इन्हेराफ़ करता था

मैं अपनी ज़ात से जब इन्हेराफ़[1] करता था
तो सारा शहर मेरा एतराफ़ करता था

उसी को अपनी तबाही की कुछ ख़बर न हुई
जो शख़्स रोज़ नए इन्केशाफ़[2] करता था

वो बुज़दिलों में खड़ा है अपाहिजों की तरह
जो एक लम्हे में मैदान साफ़ करता था

उसी के चेहरे से अब मसलेहत टपकती है
जो पहले दारो-रसन का तवाफ़[3] करता था

हुआ है शहर में "अन्जुम" किसी का दीवाना
वगरना गाँव में कब शीन क़ाफ़ करता था

---

1. अवज्ञा 2. प्रकटीकरण 3. परिक्रमा

मुहब्बतों की नई कहानी मुझे ज़माना
सुना रहा है

मुहब्बतों की नई कहानी मुझे ज़माना सुना रहा है
सुना सुना कर रूला रहा है रूला रूला कर हंसा रहा है

कहाँ तलक मैं जलाँऊ दिल को कहाँ तलक मैं बताऊँ दिल को
किसी को मैं आज़मा रहा हूँ कोई मुझे आज़मा रहा है

वफ़्राएं बोली बड़ी वफ़्रा से तेरा दिवाना बड़ी अदा से
हवा के रूख पर जता जता के चिराग़े वहशत[1] जला रहा है

ख़ज़ाना-ए-बे-बदल हैं आँसू कोई सुने तो ग़ज़ल हैं आँसू
कोई ये दौलत बचा रहा है कोई ये दौलत लुटा रहा है

हरएक ग़म को अज़ीज़ रक्खो सही ग़लत की तमीज़ रक्खो
गुलाम हैं तो कनीज़ रक्खो मुझे कोई ये सिखा रहा है

तुम्हें ये "अन्जुम" बता चुका है कोई मसीहा है आने वाला
ज़रूर आऐगा तय है लेकिन अभी ख़बर ये सुना रहा है

---

1. पागलपन का दीपक

जश्न तेरी यादों का इस तरह मनाएंगे

जश्न तेरी यादों का इस तरह मनाएंगे
इक दिया जलाऐंगे इक दिया बुझाएंगे

इस ज़मीं से आगे है आस्मान की खुश्बू
तुझ को याद रखें खुद को भूल जाएंगे

घर में जब मुहब्बत की धूप मुस्कुराऐगी
देखना उदासी के फूल सूख जाएंगे

उसकी रेश्मी पलकें आँसूओं से भीगी हैं
आज आस्मानों के दीप झिलमिलाएंगे

जिसको हमने चाहा है उसकी याद में "अन्जुम"
उम्र भर मुहब्बत के गीत गुनगुनाएंगे

हर मुसीबत में दुआओं की रसद आएगी

हर मुसीबत में दुआओं की रसद आएगी
इन अंधेरों में उजालों की मदद आएगी

लोग एहसास दिलाने के लिये बैठे हैं
आपके जिस्म से जब बूऐ हसद[1] आएगी

ये भी समझें कभी मग़रूर तबीयत वाले
चार कांधों की नवाज़िश से लहद[2] आएगी

मुहर के साथ वो तसदीक़ करेंगे तैय है
उनकी सरकार में जब मेरी सनद आएगी

उनकी हद नुक़ताऐ अव्वल[3] पे खुलेगी लेकिन
रास्ते में कहीं जिबरील[4] की हद आएगी

---

1. ईर्ष्या की गंध 2. कब्र 3. प्रथम चिन्ह 4. एक फरिश्ते का नाम

तुम को ख़बर नहीं है सुनो तुम नशे में हो

तुम को ख़बर नहीं है सुनो तुम नशे में हो
कुछ देर मेरे साथ रहो तुम नशे में हो

बोलो तो फिर जुबान पे ख़ुश्बू दिखाई दे
या फिर जुबान बंद रखो तुम नशे में हो

दीवानगी ख़ुदा की अता है ये अब खुला
मेरे ख़िलाफ़ कुछ भी कहो तुम नशे में हो

अपने हर एक लफ़्ज़ की हुरमत पर ध्यान दो
छोटे न दें जवाब बचो तुम नशे में हो

अंगूठियों के नूर से मानूस हो बहुत
पत्थर नहीं ख़ुदा से डरो तुम नशे में हो

आंखों में नर्म नर्म सी पाकीज़गी के साथ
फूलों से सिर झुका के मिलो तुम नशे में हो

तुम अपनी शोहरतों की कहानी सुना चुके
अब मेरी दास्तान सुनो तुम नशे में हो

इस उम्र में तो होश में आना मुहाल है
अच्छा है सबके ऐब गिनो तुम नशे में हो

मैं क्या तमाम शहर ही पूछेगा कुछ न कुछ
बस थोड़ा इन्तेज़ार करो तुम नशे में हो

ऐसा न हो ज़मीं के लिए आसमां झुके
बेहतर है अपनी हद में रहो तुम नशे में हो

"अन्जुम" को बे तमीज़ भी कहते हैं चन्द लोग
फ़िलहाल उस से दूर रहो तुम नशे में हो

जब चमकने लगा क़िस्मत का सितारा मेरा

जब चमकने लगा क़िस्मत का सितारा मेरा
खुद बखुद बनने लगे लोग सहारा मेरा

आपको चाँद सितारों के सलाम आयेंगे
आप समझें तो किसी रोज़ इशारा मेरा

जाने किस किस की दुआएं मेरे काम आई हैं
वरना तक़दीर में लिक्खा था ख़सारा[1] मेरा

अब तो वो भी मेरे कपड़ों में शिकन ढूंढता है
जिसने पहना है कई साल उतारा मेरा

कुछ नशा कम हो अमीरी का तो आकर देखो
कैसे होता है ग़रीबी में गुज़ारा मेरा

मौजो गिरदाब[2] भी दुश्मन है मगर छोटे हैं
दुश्मने ख़ास है दरिया का किनारा मेरा

---

1. घाटा 2. लहर/भंवर

रंग से नूर से ख़ुशबू से बने लगते हैं

रंग से नूर से ख़ुशबू से बने लगते हैं
ग़म के मेले जो मेरे दिल के कने[1] लगते हैं

आपको कैसे बतायें कि परेशानी में
साये सूखे हुए पेड़ों के घने लगते है

बेतमीज़ी के सलीक़े भी इन्हें आते हैं
ये जो तहज़ीब की छलनी में छने लगते हैं

हम नजाबत[2] का दिखावा नहीं करते कोई
अपने किरदार से बरगद के तने लगते हैं

अब तो इंसाफ करो, अब तो बताओ खुलकर
हाथ किस किस के मेरे खूं से सने लगते हैं

मेरे अहबाब[3] नहीं हैं मेरे दुश्मन भी नहीं
ये कोई और हैं जो मुझसे तने लगते है

खून की आग तो अब बर्फ़ हुई जाती है
सारे वादे मुझे लोहे के चने लगते हैं

---

1. निकट 2. वंश श्रेष्ठता 3. मित्र

आरज़ू की न कोई ख़्वाहिश की

आरज़ू की न कोई ख़्वाहिश की
प्यार था इसलिए परस्तिश[1] की

ये उमस जान की मुसीबत है
आओ मांगे दुआएं बारिश की

ये ख़बर सुन के मर ना जाऊं कहीं
तुमने मेरे ख़िलाफ साज़िश की

उसकी फ़ितरत बदल नहीं सकती
मैने दो चार बार कोशिश की

बस उसी ने मेरी जड़ें काटी
जिसकी मैंने बहुत सिफ़ारिश की

खुरदुरापन चमक चमक उट्ठा
उसने लहजे पे इतनी पालिश की

अब तबीयत बहाल रहती है
चांद तारों ने जब से पुरसिश[2] की

---

1. पूजा करना 2. कुशल क्षेम

बदगुमानी के सबब था कोई शिकवा मुझसे

बदगुमानी[1] के सबब था कोई शिकवा मुझसे
आपने सबको बताया कभी पूछा मुझसे

वहशतें आ के मेरे पांव पे गिर जाती थीं
इतना मानूस रहा है कभी सहरा मुझसे

सुर्ख फूलों की तरह रात महक जायेगी
आप सुनिये तो किसी दिन मेरा किस्सा मुझसे

अब तो इस दिल को बिखरने का सलीक़ा आ जाये
गिरके टूटा है कई बार ये शीशा मुझसे

जब खुला राज़ मेरी प्यास की सैराबी[2] का
अपनी पहचान छुपाने लगा दरिया मुझसे

---

1. मन मुटाव 2. तृप्ति

कहीं ऐसा तो कोई फ़र्द[1] होगा
ग़रीबो का जिसे कुछ दर्द होगा

मेरी हिम्मत बढायेगा उजाला
अन्धेरा फिर असीरे-गर्द[2] होगा

तुम्हारा साथ मिल जाये तो तय है
हर इक मुश्किल का चेहरा ज़र्द[3] होगा

अभी तो आप हैं लेकिन किसी दिन
ज़माना भी मेरा हम दर्द-होगा

दिले नादाँ ज़रा तैयार रहना
सुना है कल का मौसम सर्द[4] होगा

मुहब्बत में वो मंजिल आ रहेगी
मेरी आवाज़ में भी दर्द होगा

खुदा के खूब सूरत इस जहाँ में
हमारा कोई तो हमदर्द होगा

---

1. व्यक्ति 2. धूल का बंधक 3. पीला 4. ठंडा

बिखरे मोती

इरादा जब भी किया दूसरी मोहब्बत का,
तो पहले इश्क़ का अंजाम याद आने लगा

~1~

किसी से पूछ न लेना ख़ुलूस का मतलब
ज़माना हो गया इस लफ़्ज़ को सिधारे हुए

~2~

जिन्हें था ज़ोम मेरी प्यास को ख़रीदेंगे
खड़े हुए हैं वो दरिया के साथ हारे हुए

~3~

मोहब्बतों के बड़े सायबान जैसे लोग
ज़मीं पर रहते हैं कुछ आसमान जैसे लोग

~4~

हर एक शहर में औलाद की ख़बासत से
दिखाई देते हैं टूटे मकान जैसे लोग

~5~

ये कड़वे बोल सब मीठे लगेंगे
तुम्हे जिस दिन कोई नुक़्सान होगा

~6~

मुस्कुराता हुआ इक चाँद अभी निकलेगा
आसमानों के सभी दीप बुझा चाहते हैं

~7~

मोहब्बतों की वो सारी क़द्रे जो मर रही हैं, बहाल रखो
कोई तुम्हारा ख़याल रखे किसी का तुम भी ख़याल रखो

~8~

जो आसमां की बुलंदी जबीं पे रखता है
वो अपने पाँव हमेशा ज़मीं पे रखता है

~9~

चाँद सूरज भी कहाँ मानेंगे लेकिन पहले
अपनी तहज़ीब करो सब्र का पैकर हो जाओ

~10~

जश्ने ग़म हुक्म की तामील में रखा जाए
काम के दिन नहीं तातील में रखा जाए

~11~

पर्दे के पास कोई फ़रिश्ता ज़रूर है
जिसके गले में चाँद सितारों का नूर है

~12~

खुश्बू के साथ साथ उजाले भी आएँगे
वो आएँगे तो चाहने वाले भी आएँगे

~13~

अगर ये ज़ख़्म जुदाई का है तो डरते रहो
कि ये चिराग न रौशन कहीं दुबारा हो

~14~

कितना आसान समझता था बमुश्किल बाँधा
उसने जज़्बात के रेशम से मिरा दिल बाँधा

~15~

हम भूली बिसरी बिसरी की क्या फ़िक्र करें क्या ज़िक्र करें
वो एक नज़र देखें तो इधर सब ज़ख्मे जिगर सिल जाएंगे

~16~

इरादा ज़ब भी किया दूसरी मोहब्बत का
तो पहले इश्क़ का अन्जाम याद आने लगा

~17~

आग ही आग से है सीने में तमाज़त कम है
तेरी शोहरत के तनासुब में ये इज़्ज़त कम है

~18~

घर में ज़ब रिज़्क़ की तंगी थी तो बरकत थी बहुत
और अब रिज़्क़ ज़ियादा है तो बरकत कम है

~19~

सच्चे मोहब्बतों के फ़साने लिखा करो
मौसम के खुशगवार तराने लिखा करो

~20~

बारिश में खुशबुओं से हवाओं के जिस्म पर
रंगों के शानदार ज़माने लिखा करो

मौसमे गुल तो मुअत्तल है बड़ी मुद्दत से
आप कह दें तो उसे हुक्मे बहाली जाये

समन्दरों ने मुझे तरबियत न दी वरना
मैं तुझसे पहले ही तैराक हो गया होता।

कदम कदम पे मोहब्बत के बाग़ रौशन हैं
ग़ज़ल के नूर से दिल के चराग़ रौशन हैं

कठिन तो कल भी बहुत था जो आज चाहते हैं
मेरे चिराग़ हवा से ख़िराज चाहते हैं

मोहब्बतों के उजाले हों और कुछ भी न हो
हम अपने मुल्क में ऐसा रिवाज चाहते हैं

खुश्बुओं का पयाम लाए हैं
फूल जैसा कलाम लाए हैं

हम नए साल में उजालो से
ज़िन्दगी का सलाम लाए हैं

है ज़मी आसमान बेटी से
सर पे है साय बान बेटी से

रहमतें हर घड़ी बरसती हैं
घर है जन्नत निशान बेटी से